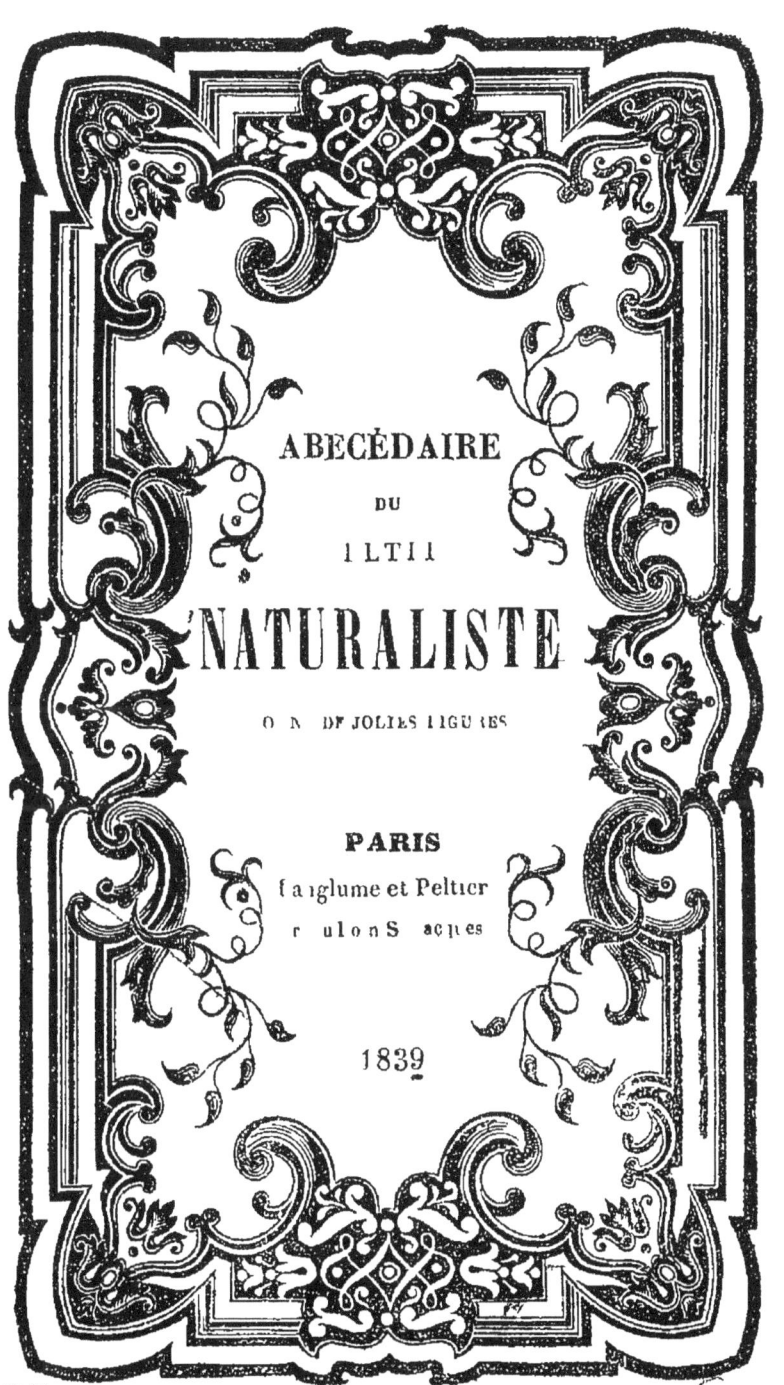

ABÉCÉDAIRE
DU
PETIT
NATURALISTE
ORNÉ DE JOLIES FIGURES

PARIS
Langlume et Peltier
rue des Grands Augustins

1839

ÉLÉMENTS D'HISTOIRE NATURELLE

POUR

L'INSTRUCTION ET L'AMUSEMENT

DES ENFANTS.

ANE

Cet animal diffère beaucoup du cheval par la petitesse de sa taille, par ses longues oreilles, par sa queue, qui n'est garnie de poil qu'à l'extrémité, par son port, qui n'a pas la noblesse de celui du cheval, et par son braire désagréable. On lui reproche plusieurs vices dans le caractère ; mais combien de qualités utiles rachètent ses défauts ! Il est sobre, tempérant ; on le met à tout; il est dur et patient au travail ; c'est la ressource des gens de campagne qui ne peuvent pas acheter un cheval et le nourrir. Cet animal est originaire d'Arabie. Il vit en société dans la Lybie, dans la Numidie; on en voit des troupes qui marchent ensemble. Lorsqu'ils aperçoivent quelqu'un, ils jettent un cri et font une ruade, s'arrêtent, et ainsi que les chevaux sauvages, ne fuient que lorsqu'on les approche. L'Ane s'est naturalisé sous d'autres climats : plus les pays sont froids, plus cet animal a perdu de sa première nature. Les Arabes en ont un aussi grand soin que de leurs chevaux. Ils les dressent à aller à l'amble : ils leur fendent les naseaux, pour qu'ils puissent respirer plus aisément dans la vitesse de la course, qui est aussi vive que celle des chevaux. Cette espèce a dégénéré dans nos climats.

BLAIREAU.

Le Blaireau est farouche, et ne s'apprivoise que dans l'extrême jeunesse : alors il suit comme le chien, auquel il ressemble par le museau. Il a sous la queue une espèce de poche, d'où il suinte une liqueur onctueuse et fétide qu'il aime à sucer. Il passe sa vie solitaire dans des souterrains pratiqués au milieu des forêts les plus sombres. Son gîte ténébreux est toujours propre. Il n'y fait jamais ses ordures. On dit que le renard, qui connaît son goût pour la propreté, et qui n'a pas la même facilité que lui à creuser la terre, tâche de lui faire abandonner son domicile en l'infectant de ses ordures.

CAMÉLÉON

On distingue plusieurs espèces de Caméléons. Cet animal se trouve au Mexique, en Arabie, en Égypte, au Sénégal. Sa gueule, très-ample, est garnie de petites dents. Sa langue est susceptible de s'allonger presque de la longueur de son corps. Elle est visqueuse. Lorsqu'il aperçoit des fourmis, des mouches ou autres insectes autour d'une branche, il les enveloppe avec sa langue, la retire, et les avale. Il peut vivre cinq ou six mois sans prendre de nourriture. Il se contente d'ouvrir la bouche, d'aspirer un air frais, et dans ce moment il fait des mouvements pleins de gentillesse. La particularité singulière qu'ont ces animaux, de paraître sous diverses couleurs, les a fait servir d'emblème pour désigner la basse adulation des flatteurs. Selon quelques naturalistes, chaque passion imprime à la peau de cet animal une teinte de couleur différente. Dans la joie, il est d'un vert d'émeraude mêlé d'orange, entrecoupé de bandes grises et noires ; dans la crainte, d'un jaune pâle; dans la colère, d'une couleur obscure et livide.

DEVIN.

Ce serpent, qui parvient communément à la longueur de plus de vingt pieds, est le plus grand et le plus fort de tous les serpents. La nature lui a accordé la beauté, le courage et l'industrie. N'ayant point de venin, il combat avec hardiesse, oppose la force à la force, et ne dompte que par sa puissance. Il y a de quoi frémir, en lisant dans les relations des voyageurs la manière dont l'énorme serpent Devin s'avance au milieu des herbes hautes et des broussailles, semblable à une longue poutre que l'on remuerait avec vitesse. On aperçoit de loin, par le mouvement des plantes qui s'inclinent sous son passage, l'espèce de sillon que tracent les diverses ondulations de son corps : on voit fuir devant lui les troupeaux de gazelles et d'autres animaux dont il fait sa proie. Le seul moyen de se garantir de sa dent meurtrière, dans ces solitudes immenses, est de mettre le feu aux herbes déjà à demi brûlées par l'ardeur du soleil ; car le fer ne suffit pas contre ce dangereux ennemi, surtout lorsqu'il est irrité par la faim. En vain voudrait-on lui opposer des fleuves, ou chercher un abri sur des arbres : il nage avec assez de facilité pour traverser des bras de mer, et roule avec promptitude jusqu'aux cimes les plus hautes. Lorsque le Devin aperçoit un ennemi dangereux, ce n'est point avec ses dents qu'il commence le combat ; mais il se précipite avec tant de rapidité sur sa malheureuse victime, l'enveloppe avec tant de contours, et la serre avec tant de force, qu'il rend ses armes inutiles, et la fait bientôt expirer sous ses puissants efforts. Si l'animal immolé est trop considérable pour que le Devin puisse l'avaler, malgré la grande ouverture de sa gueule et la facilité qu'il a de l'agrandir, il continue de presser sa proie ; et, pour la briser avec plus de facilité, il l'entraîne en se roulant avec elle auprès d'un gros arbre, dont il renferme le tronc dans ses replis, la place entre l'arbre et son corps, les environne l'un et l'autre de ses nœuds vigoureux, et, se servant de la tige noueuse comme d'un levier, il redouble ses efforts, et parvient à comprimer en tous sens le corps de l'animal qu'il a immolé. Après avoir donné à sa proie toute la souplesse qui lui est nécessaire, il continue de la presser pour l'allonger, et pétrit avec sa salive cet amas de chairs ramollies et d'os concassés. Quelquefois il ne peut en engloutir que la moitié : alors la dernière partie reste à découvert jusqu'a ce que la première ait été digérée. Cet animal terrible étouffe même l'éléphant.

ÉLÉPHANT.

Cet animal, le plus grand des quadrupèdes, habite les climats chauds de l'Afrique et de l'Asie. En considérant l'Éléphant à l'extérieur, il semble mal proportionné : son corps est gros et court, ses pieds ronds et tortus, sa tête grosse, ses yeux petits, et ses oreilles très-grandes ; mais, sous les dehors les moins avantageux, il possède les meilleures et les plus étonnantes qualités. Il a l'intelligence du castor, l'adresse du singe, le sentiment du chien. A ce mé-

rite se réunissent des avantages particuliers : la force, la grandeur, la longue durée de sa vie. « Ses yeux, dit M. de
» Buffon, quoique petits relativement
» au volume de son corps, sont bril-
» lants et spirituels. C'est l'expression
» pathétique du sentiment. Il les tour-
» ne lentement èt avec douceur vers
» son maître. Il a pour lui le regard
» de l'amitié, celui de l'attention lors-
» qu'il parle, le coup d'œil de l'intel-
» ligence lorsqu'il l'écoute, celui de la
» pénétration lorsqu'il veut le préve-
» nir : il semble réfléchir, délibérer,
» penser, et ne se déterminer qu'a-
» près avoir examiné et regardé à plu-
» sieurs fois, et sans précipitation,
» sans passion, les signes auxquels il
» doit obéir. Il joint au courage la pru-

» dence, le sang-froid, l'obéissance ;
» se souvient des bienfaits, des injures.
» A la voix de son maître, il modère
» sa fureur ; dans sa colere, il ne mé-
» connaît point ses amis. Redoutable
» par sa force, il ne fait pas la guerre
» aux autres animaux ; il ne se nourrit
» que de végétaux. »

On en voit qui ont jusqu'à quinze pieds de hauteur. Leur trompe est un bras nerveux qui déracine les arbres, et une main adroite qui saisit les corps les plus minces et les détaille en petits morceaux. L'éléphant ramasse l'herbe avec sa trompe et la porte à sa bouche ; lorsqu'il a soif il trempe le bout de sa trompe qu'il aspire, en remplit la cavité, la recourbe pour porter l'eau jusque dans son gosier. Il soulève avec sa

trompe un poid de deux cents livres.
L'Éléphant, outre sa trompe, est encore muni de défenses redoutable : ce sont deux espèces de dents, longues de quelques pieds, et un peu recourbées en haut; il s'en sert pour attaquer et se défendre contre ses ennemis.

Lorsque cet animal est en colère (ce qui lui arrive rarement), il n'y a que deux moyens de l'apaiser : l'un, de lui jeter quelques pièces d'artifices enflammés; l'autre, de lui demander grâce, car il a de la générosité. Un homme qui gouvernait depuis longtemps un Éléphant, et qui l'avait trouvé toujours docile tant qu'il n'avait exigé de lui que des choses raisonnables, le maltraita un jour injustement. L'animal, outré de ce mauvais procédé, tua son maître. Cet homme avait une femme et deux fils encore très-jeunes. Sa femme, au désespoir, présenta ses enfants à l'Éléphant, comme pour lui dire de les immoler aussi. Ce tableau touchant attendrit l'animal irrité; et pour réparer, autant qu'il était possible, le meurtre qu'il venait de commettre, il prit doucement avec sa trompe l'aîné des deux enfants, le plaça sur son dos, le regarda dès lors comme son maître, et se laissa toujours conduire par lui.

FURET

Ce petit animal, originaire des pays chauds, est délié, souple, et grand chasseur de lapins. Son œil est vif, son naturel colère, et cependant facile à apprivoiser, et docile; il sent mauvais, surtout lorsqu'on l'irrite. On élève en France les petits dans des cages ou tonneaux garnis d'étoupes : du pain, du lait et du son, voilà leur nourriture. L'homme, toujours industrieux pour tourner à son profit l'instinct et l'industrie des animaux, tire avantage du naturel carnassier du furet. On le mène à la chasse; on le lâche dans les trous des lapins, après l'avoir muselé, afin qu'il ne tue pas les lapins dans le fond du terrier, et qu'il oblige seulement ceux qu'il a harcelés à en sortir, et à se jeter dans le filet dont on couvre l'entrée. Si le Furet n'était pas muselé, il sucerait le sang du lapin jusqu'à le faire mourir, puis il s'endormirait dans le terrier : en sorte que le Furet et le lapin seraient perdus pour le chasseur, surtout lorsque le terrier a plusieurs issues; et alors la fouille et la fumée que l'on fait dans le terrier ne sont pas toujours un sûr moyen de ramener le Furet, parce qu'il peut sortir sans qu'on le voie. Cet antipathie contre les lapins est tellement naturelle au Furet, que cet animal, dans sa plus grande jeunesse, s'éveille à la présence d'un lapin vivant ou mort; il se jette dessus avec fureur.

GIRAFE

La Girafe a la tête et le cou comme ceux du chameau; elle a le dos tacheté comme les léopards; ses jambes de devant son beaucoup plus longues que celles de derrière, en sorte que cet animal paraît boîter en marchant. Il n'est pas si gros que l'éléphant, mais il est plus haut; il a les crins du cheval. Sa tête est ornée de deux cornes très-courtes. Sa langue est longue de deux pieds : il s'en sert pour brouter l'herbe et les feuilles. La Girafe se trouve dans les déserts brûlants de l'Afrique. C'est un animal doux à gouverner. Plusieurs empereurs romains en ont orné leurs triomphes.

HYENE

L'Hyène se trouve dans les pays chauds de l'Afrique et de l'Asie. Elle est à peu près de la grandeur du Loup, mais son corps est plus court et plus ramassé, et ses jambes plus longues, surtout celles de derrière. Son naturel est sauvage et solitaire. Elle habite les fentes des rochers, les cavernes, et les souterrains qu'elle se creuse. On a donné beaucoup de merveilleux à l'histoire de cet animal : on a supposé, par exemple, qu'il se laissait prendre au son des instruments, qu'il imitait la voix humaine, appelait les bergers par leurs noms, et mille autres absurdités de cette espèce. Les naturalistes, plus amis de la vérité que du merveilleux, nous apprennent que l'Hyène est d'un naturel féroce et carnassier, qui ne s'apprivoise jamais. Son cri imite le mugissement du veau; ses yeux, brillants dans l'obscurité, voient mieux la nuit que le jour. Courageuse, elle se défend contre le lion, attaque la panthère, terrasse l'once, se jette sur l'homme, suit de près les troupeaux, rompt souvent la nuit les clôtures des bergeries et les portes des étables pour dévorer les bestiaux. A défaut de proie, elle déterre avec ses ongles les cadavres dont elle fait sa nourriture. L'hyène qui fit tant de ravages dans le Gévaudan en 1764, 1765 et 1766, n'était peut-être qu'une espèce de loup-cervier.

ICHNEUMON.

Ce petit animal, du genre des belettes, est vif, léger, colère, plein de courage, hardi ; il rampe avec finesse, ou se lance comme un trait sur sa proie ; s'assied sur son derrière : ses jambes de devant lui servent de mains pour manger, de gobelet pour boire. Il a sous le ventre une poche, d'où suinte une liqueur odorante. Il est susceptible d'éducation, et s'apprivoise très-bien, devient familier et badin, prend de l'humeur lorsqu'on le trouble pendant qu'il mange ; car ses appétits sont véhéments. On lui a rendu en Egypte les honneurs divins, à cause des grands services qu'il rend : il déterre dans le sable les œufs de crocodiles, mange les jeunes, attaque des serpents venimeux. Les morsures qu'il reçoit dans les combats ne lui font pas lâcher prise. On prétend qu'il a l'art de se cuirasser ; il se vautre dans la boue, elle se sèche sur lui, et lui forme une sorte de cuirasse.

JAGUAR.

Quadrupède du genre des chats et de l'ordre du carnassier. Cet animal, très-cruel, grimpe sur les arbres avec la vivacité de l'éclair : il commet de grands dégâts dans les troupeaux et parmi les autres animaux. La présence de l'homme ne lui fait pas peur. Pressé par la faim, il se jetterait aussi sur lui pour le dévorer. Il se trouve dans les contrées méridionales de l'Amérique.

KRAKEN.

Cet animal, d'un aspect hideux, est appelé l'*Animal aux grands bras* : il en a huit, et qui sont si excessivement longs et forts qu'au rapport de plusieurs navigateurs il parvient à embrasser un navire et à le faire chavirer. Heureusement cet animal ne se trouve que dans les mers très-éloignées. Il est fort rare.

LION.

Le Lion est le plus fort et le plus terrible des animaux; d'un coup seul de sa queue, il peut tuer un homme ; mais il n'attaque que lorsque la faim le presse. Pris jeune, il s'apprivoise, et à tout âge il est sensible aux bienfaits. Une lionne que l'on tenait enchaînée fut atteinte d'un mal violent qui l'empêchait de manger; comme on désespérait de sa guérison, on lui ôta sa chaîne, et on jeta son corps dans un champ. Ses yeux étaient fermés, et sa gueule se remplissait de fourmis, lorsqu'un passant l'aperçut. Croyant remarquer quelque reste de vie dans cet animal, il lui fit avaler un peu de lait. Un remède si simple eut les effets les plus prompts. La lionne guérit, et elle conçut une telle affection pour son bienfaiteur qu'elle se laissait conduire avec un cordon, comme le chien le plus familier. Tel est le pouvoir des bienfaits sur les caractères mêmes les plus rebelles.

MARMOTTE.

La Marmotte habite les Alpes, les Pyrénées. Le lieu de sa retraite est de préférence l'exposition du levant et du midi. Cet animal se nourrit d'insectes, de fruits, de légumes, n'a point d'appétit véhément, vit en petit société, sommeille presque toujours. Son domicile est construit avec un art singulier sur le penchant d'une colline. Il creuse un trou en forme d'*y*. Une des branches plus élevée sert d'entrée. Le fond, en cul-de-sac, est sa retraite. L'autre branche, disposée en pente, plus basse que la première, sert à faire écouler dehors les excréments et les urines. Mollesse, propreté, règnent dans son habitation. Il repose sur des couchettes d'herbes fines et de mousse. Plusieurs se réunissent ensemble pour construire le domicile. L'un creuse, d'autres vont chercher la mousse. On a prétendu que chacun d'eux servait de voiture à son tour. Il se met, dit-on, sur le dos; on le charge de mousse, de foin; ses jambes servent de ridelles. On traîne ainsi la provision. C'est, dit-on, la raison pour laquelle leur dos est toujours pelé. Comme ces animaux habitent continuellement sous terre, cette raison seule suffit pour expliquer le fait. Le domicile, une fois préparé, est pour tous les descendants de chaque famille, à moins que quelque chasseur ou quelque bouleversement souterrain ne le détruise. Chaque femelle met bas cinq ou six petits. On ne sort que lorsque le temps est chaud, beau, serein. On va jouer, se divertir, brouter l'herbe avec sécurité. Une sentinelle, placée sur le sommet d'un rocher, avertit la troupe du moindre danger. Aperçoit-elle un aigle, un chien, un homme, elle donne un coup de sifflet : toute la gente marmottine se retire dans sa tannière. La sentinelle ne rentre que là dernière. A l'approche de l'hiver, les Marmottes bouchent les deux ouvertures de leur domicile avec de la terre si exactement qu'on n'en peut distinguer la place. Ces petits animaux se roulent les uns à côté des autres, à trois ou quatre pouces de distance. Leur sang n'a que le degré de chaleur de la température de l'air. Dès que le froid commence, il circule avec plus de lenteur, et cette lenteur suit la progression du froid. Pendant l'hiver ils restent engourdis dans un état de léthargie sans prendre de nourriture. Comme ils ne perdent alors presque rien par la transpiration, ils n'ont pas besoin de réparer. C'est pendant l'hiver qu'on les saisit dans leur retraite. En été, ils creuseraient sous terre, à mesure qu'on avancerait. Ces animaux deviennent familiers. Ils s'asseyent sur le derrière, se servent de leurs pattes de devant comme de mains pour manger. Les Savoyards indigents dressent cet animal à plusieurs petits exercices, et le promènent dans toute l'Europe. L'adresse avec laquelle il grimpe entre deux rochers leur a, dit-on, servi de leçon pour grimper dans les cheminées.

NIGAUD.

Cet animal, qui est originaire des pays chauds, n'est curieux que par son air gauche à marcher, son indolence, et généralement par sa bêtise; ce qu'on ne croirait en le voyant.

ORANG-OUTANG.

Cet animal se trouve en Afrique et

dans les climats chauds de l'Asie. Il se nourrit de fruits et de graines. Sa force est, dit-on, si extraordinaire, que dix hommes robustes ne peuvent en arrêter un seul. Dans l'état sauvage, il se rend redoutable aux Nègres, construit des cabanes pour s'y mettre à l'abri du soleil et de la pluie, et dort sur les arbres. Sa taille s'élève au moins à six ou sept pieds. L'Orang-Outang a l'air trist et la démarche grave. Il est d'un naturel doux, et s'apprivoise si aisément que, quand on le prend jeune, il obéit au moindre signe, et rend autant de services dans une maison qu'un domestique ordinaire. On en a vu s'asseoir à table, déployer leur serviette, se servir de la cuiller, du couteau et de la fourchette, se verser à boire dans un verre, choquer le verre lorsqu'ils y étaient invités, aller prendre une tasse ou une soucoupe, l'apporter sur la table, y mettre du sucre, y verser du thé, le laisser refroidir pour le boire, se promener gravement avec les hommes, et leur présenter la main pour les reconduire.

PANTHERE.

L'œil inquiet et farouche de cet animal annonce la férocité de son caractère. Habitant des climats brûlants de l'Afrique et de l'Asie, les forêts les plus épaisses lui servent de repaire. Il n'en sort que pour rôder autour des habitations isolées et sur les bords des fleuves, et dévorer les animaux domestiques et autres qui vont avec sécurité s'y désaltérer. La Panthère est agile, ses mouvements sont brusques. Elle grimpe facilement aux arbres. Les chats sauvages n'échappent pas à son appétit vorace. Ses dents fortes et aigues et ses ongles tranchants sont les armes offensives dont elle se sert pour déchirer cruellement sa proie. Ses cris imitent la voix d'un dogue furieux. Cet animal ne se jette sur l'homme que dans un accès de colère; mais cette fierté sauvage et sanguinaire cède quelquefois, et jusqu'à un certain point, à l'adresse humaine. Les habitants de la Barbarie viennent à bout de dompter la Panthère, de la dresser, et de s'en servir au lieu du chien pour aller à la chasse. Enfermée dans une cage de fer, et traînée sur une charrette, on ne lui donne la liberté qu'à la vue du gibier. Elle s'élance avec impetuosité, se jette en trois ou quatre sauts sur la bête, la terrasse et l'étrangle. La honte d'avoir manqué son coup la rend si furieuse qu'elle attaquerait son maître si celui-ci n'avait la précaution de lui lâcher, soit un agneau, soit un chevreuil, ou de lui jeter des morceaux de viande dont il a fait provision pour opposer à sa rage. Les voyageurs, les Nègres et les Indiens mangent volontiers la chair de la Panthère. Sa belle fourrure est très-estimée.

QUA-PACTOL.

On l'appelle aussi l'oiseau rieur. Il

habite le Mexique. Une chose fort curieuse, c'est que son cri imite parfaitement le rire de l'homme. On raconte que des matelots qui cherchaient un de leurs camarades, égaré dans une petite île où ils étaient descendus depuis deux jours, trompés par le cri de cet oiseau, s'imaginèrent que c'était leur camarade qui se cachait et se moquait d'eux; ce qui les mit contre lui dans une colère d'autant plus grande que depuis quatre heures ils couraient après lui sans pouvoir l'attraper, quoiqu'ils crussent bien l'entendre rire : ce qui les taquina tant que d'un commun accord ils lui promirent une bonne volée de coups de bâton s'ils pouvaient l'attraper. Enfin, à force de recherches, ils trouvèrent le pauvre diable, qui, de son côté, cherchait depuis longtemps, et accourut à eux les bras ouverts de joie ; mais pour embrassade ils commencèrent par lui appliquer chacun une douzaine de coups de bâton, en lui criant tous à la fois aux oreilles : Ris ! ris ! ris ! Mais le pauvre diable, au lieu de rire, se mit à crier comme un aveugle, en se sentant étriller de la sorte ; et ils l'auraient rossé bien plus longtemps si l'oiseau qui était cause de cette mauvaise aventure n'était venu se percher positivement au-dessus de la tête de ce malheureux, en riant de toutes ses forces, ce qui faisait un drôle de charivari. On s'aperçut alors de la méprise, et une bouteille de vin, qu'ils payèrent au pauvre battu, le rendit gai comme pinçon.

RENARD.

Ce que le loup fait par la force, le Renard le fait par la ruse, et réussit mieux; mais sa finesse est toujours accompagnée de bassesse et de méchanceté. Il commence par creuser à l'entrée d'un bois une demeure souterraine pour se mettre en sûreté avec sa famille. De là il entend les coqs des villages voisins, et, dirigé par leur voix, il vient la nuit rôder doucement autour des basses-cours. S'il peut pénétrer dans un poulailler, il met toutes les volailles à mort, et les emporte les unes après les autres dans son terrier. Son adresse est telle qu'il surprend les oiseaux qui voltigent le long des haies.

Cet animal vorace détruit les lapereaux, les levrauts, et saisit même quelquefois les lièvres au gîte. Quand il trouve une caille ou une perdrix sur ses œufs, il mange la mère et les enfants à naître. Pressé par la faim, il dévore des mulots, des grenouilles; il se nourrit aussi d'insectes, de fruits et de miel.

Sa peau mue quand il est pris jeune ou pendant l'été. En France, il est ordinairement de couleur rousse, avec la gorge mêlée de blanc et de noir; mais on connaît, dans le nord, le renard blanc, le noir, le bleu, le gris de toutes nuances, le blanc à pieds fourrés, le blanc à tête noire, etc. Sa longueur moyenne est de deux pieds trois pouces.

SINGE.

Le Singe est bien le plus drôle d'animal qu'on puisse voir : vif, spirituel, d'une adresse presque incroyable, il ne lui manque absolument que la parole. L'idée qu'en ont les Nègres d'une partie de l'Amérique est plaisante. Ils disent, en parlant des singes : *Eux petit peuple, et eux pas parler, paque eux veut pas travailler.* On raconte qu'un marchand de bonnets de coton, voyageant à pied dans un pays où ces animaux se trouvent en grand nombre, se coucha sans y faire attention sous un arbre sur lequel il y en avait beaucoup ; et comme son chapeau le gênait pour dormir, il l'ôta, défit son ballot, en tira un bonnet, le mit sur sa tête, et s'endormit fort paisiblement. Les singes, qui le regardaient faire très-attentivement, ne l'eurent pas plutôt entendu ronfler qu'ils descendent tous, ouvrent bien doucement le ballot, en tirent chacun un bonnet de nuit, le mettent sur leur tête, et regrimpent, ainsi coiffés, se remettre à leur place. Lorsque notre marchand fut réveillé, son premier soin fut de jeter les yeux sur son ballot; mais quel fut son chagrin de le trouver vide, à cela près d'une dixaine de bonnets qui n'avaient pas trouvé de maîtres! Il crie : Aux voleurs! il tempête, et dans son désespoir il lève les yeux au ciel pour l'accuser de son malheur; mais quelle fut sa surprise de voir au-dessus de lui une centaine de mauvais garnements de singes avec chacun un bonnet sur la tête, qui le regardaient bien tranquillement se désoler! Dans le premier moment de sa surprise, il ne put s'empêcher de rire comme un fou d'un spectacle aussi drôle ; mais quand il vint à réfléchir au moyen de ravoir ses bonnets, il n'eut plus envie de rire. En effet comment s'y prendre ? Courir après une centaine de singes! il se serait bien rompu cent fois le cou qu'il n'en aurait pas seulement eu la queue d'un. Enfin, à force de réfléchir, il s'avisa d'un excellent moyen. Ce fut d'ôter son bonnet de dessus sa tête, d'en faire une petite pelotte en le roulant, et de le jeter ainsi à terre de toutes ses forces. Il n'eut pas plutôt fini que voilà tous nos singes qui se décoiffent, font de petites pelottes de leurs bonnets, et les jettent à terre: Il ne faut pas demander si notre marchand fut prompt à les ramasser et à décamper.

TIGRE.

Ce quadrupède redoutable habite les contrées sauvages et les îles désertes de l'Asie et de l'Amérique. La force, l'agilité, la légèreté, la souplesse secondent son naturel féroce et carnassier. Cruel par instinct, méchant par caractère, furieux par habitude, toujours altéré de sang, cet animal destructeur, plus à craindre que le lion, sans attendre le besoin, sans être excité par le désir de la vengeance, étrangle, met en pièces, dévore tous les êtres animés qu'il peut apercevoir. Sa rage insatiable ne connaît point d'intervalles. C'est un tyran brutal qui voudrait dépeupler l'univers pour regner seul au milieu des victimes qu'il immole à sa fureur aveugle. Ses ongles crochus et mobiles et ses dents meurtrières sont les instruments de sa tyrannie, qu'il étend jusque sur sa propre famille : il n'épargne pas même sa femelle lorsqu'elle veut soustraire ses petits à son appétit sanguinaire. Sa férocité est peinte dans ses yeux hagards et étincelants; sa malice, dans sa figure basse. Une face mobile, une gueule ensanglantée, une langue pendante, une voix rugissante, un grincement de dents continuel, tels sont les signes apparents de cette méchanceté noire qui met en mouvement tous les ressorts organiques de cet animal vorace : troupeaux domestiques, bêtes sauvages, petits éléphants, jeunes rhinocéros, rien n'échappe à ses poursuites. Il s'élance par bonds sur sa proie, plonge sa tête dans l'animal qu'il éventre, en suce le sang avec avidité, semble regretter celui qui se perd par effusion. Pour jouir en paix de sa conquête, il entraîne au fond des bois avec une rapidité singulière le buffle, le cheval, et autres gros animaux, et les dépèce à son aise sans admettre d'associé, sans souffrir de partage.

Il n'est permis à aucun être vivant d'exister partout où réside le tigre. A Sumatra, les maisons sont élevées sur des pieux de bambou pour se mettre à l'abri de ses incursions. Dans le Gange, il se met à la nage, surtout pendant la nuit, et s'élance sur les petits bâtiments qui sont à l'ancre. On est obliger de veiller continuellement. La terreur qu'il répand dans les lieux qu'il habite l'exposerait à mourir de faim s'il n'avait recours à la ruse. Il attend au bord des fleuves et des lacs les animaux qui viennent s'y désaltérer. Tous les soins d'une éducation douce, paisible, le changement de nourriture, les bons traitements, la contrainte, l'esclavage, rien ne peut adoucir le caractère indocile et carnassier du tigre. Le combat d'un tigre contre trois éléphants, rapporté par le P. Tasehard, était fort inégal. On fit entrer au milieu d'une enceinte de cent pieds en carré trois éléphants destinés pour combattre le tigre : ils avaient un grand plastron en forme de masque pour les garantir. Le tigre, enchaîné par deux cordes, ne fut mis en liberté dans l'arène qu'après avoir été terrassé par la trompe d'un éléphant. Revenu de son étourdissement, il se releva avec fureur, jeta des hurlements épouvantables, et aurait déchiré la trompe si l'éléphant ne l'eût repliée lestement à l'ombre de ses défenses, avec lesquelles il fit sauter le tigre en l'air. Celui-ci vaincu, mais plus terrible, s'élançait quelquefois vers les loges des spectateurs. Les trois éléphants s'avancent vers lui, le frappent rudement ; il contrefait le mort. C'en était fait de lui, si l'on n'eût pas fait cesser le combat.

UNEAU.

Cet animal, qui est de la grosseur du mouton, se trouve dans la partie méridionale le l'Amérique. Il est si paresseux et si lent qu'il lui faut un jour entier pour grimper sur un arbre, et un jour aussi pour en descendre; il est même obligé de se laisser tomber pour en finir. Heureusement qu'il n'est pas né sensible.

VEAU-MARIN

Cet animal est véritablement amphibie. Il nage mieux qu'il ne marche, fréquente les côtes plus que la haute mer, est presque insensible au chaud et au froid; vit de chair, d'herbe, de poisson, sent fort mauvais, a l'ouie assez fine lorsqu'il n'est pas endormi; miaule comme un chat dans sa jeunesse, et aboie comme un chien enroué lorsqu'il est plus fort; vient souvent dormir à terre, ou sur les rochers, ou sur les glaçons, surtout au soleil; imite en ronflant le beuglement du veau, et se laisse approcher sans s'éveiller. Il est naturellement courageux. Ses dents tranchantes et ses ongles crochus sont ses armes vigoureuses, avec lesquelles il attaque et se défend. Dans les grands orages, il vient se jouer sur les côtes au bruit du tonnerre et au feu des éclairs : on dirait qu'il s'amuse de ces désordres de la nature.

XOCHITON.

On nomme aussi cet oiseau l'INCON-
NU parce qu'il est d'abord fort rare, et
ensuite si sauvage qu'on n'en peut
approcher qu'à une grande distance. Il
se trouve dans le Mexique.

L'YGUANE.

L'Yguane forme, par l'éclat de ses
couleurs et le brillant de ses écailles,
un des principaux ornements de ces
immenses forêts qui couvrent une partie de l'Amérique méridionale. Cet
animal ne cherche point à nuire et ne
se nourrit que de végétaux et d'insectes. Il ne laisse pas cependant d'inti-
mider, lorsque, agité par la colère et
animant son regard, il fait entendre

un sifflement, secoue sa longue queue, gonfle sa gorge, et redresse ses écailler hérissées de pointes. Lorsqu'il a reçu quelque éducation, il reste volontiers dans les jardins, et passe même la plus grande partie du jour dans les appartements. Sa chair est excellente à manger. La femelle pond depuis treize œufs jusqu'à vingt-cinq. Les Yguanes se retirent dans des creux de rochers ou dans des trous d'arbres. On les voit s'élancer avec une agilité merveilleuse jusqu'au plus haut des branches, autour desquelles ils s'entortillent de façon à cacher leur tête au milieu des replis de leur corps. Lorsqu'ils sont repus, ils vont se reposer sur les rameaux qui avancent au-dessus de l'eau, et demeurent comme engourdis.

C'est ce moment que l'on choisit au Brésil pour les prendre. Lorsqu'un chasseur voit un de ces animaux ainsi étendu sur des branches, et s'y pénétrant de l'ardeur du soleil, il commence à siffler : l'Yguane, qui semble prendre plaisir à l'entendre, avance la tête peu à peu ; le chasseur s'approche en continuant de siffler, et chatouille la gorge de l'animal avec le bout d'une perche. Celui-ci souffre cette espèce de caresse sans témoigner aucune peine, se retourne même comme pour en jouir avec volupté. Lorsqu'il a porté sa tête hors des branches, le chasseur lui passe au cou une corde noire en forme de lacs, qu'il a au bout d'un bâton, et le fait tomber à terre par une violente secousse.

ZÈBRE.

La peau du Zebre est rayée de noir et de jaune clair, avec tant de symétrie qu'il semble qu'on a pris le compas pour la peindre. C'est un âne sauvage qui marche avec une grande vitesse, mais qu'on ne peut monter, parce qu'il est indocile et têtu. Avec sa gentillesse on le préfèrerait au cheval, s'il était, comme lui, susceptible d'éducation et familier.

FIN.

IMPRIMERIE DE J.-B. GROS, rue du Foin Saint-Jacques, 18.

www.ingramcontent.com/pod-product-compliance
Lightning Source LLC
LaVergne TN
LVHW020050090426
835510LV00040B/1651